바다의 전설

이 도서의 국립중앙도서관 출판예정도서목록(CIP)은 서지정보유통지원시스템 홈페이지(http://seoji.nl.go.kr)와 국가자료공동목록시스템(http://www.nl.go.kr/kolisnet)에서 이용하실 수 있습니다.(CIP제어번호: CIP2017012205)

바다의 전설

2017년 5월 15일 초판 1쇄 찍음
2017년 5월 20일 초판 1쇄 펴냄

지은이 _ 김옥경
펴낸이 _ 나문석
편집디자인 _ 장상호

펴낸곳 _ 도서출판 두엄
등록번호 _ 제03-01-503호
주소 _ (700-835) 대구광역시 중구 명륜로12길 21
대표전화 _ (053)423-2214
전자우편 _ dueum@hanmail.net

ⓒ김옥경, 2017
ISBN 978-89-85645-66-9 03810

* 지은이와 협의하여 인지는 생략합니다.
* 책값은 뒤표지에 표시되어 있습니다.
* 이 시집은 2017 대구문화재단 문화예술진흥사업 지원으로 출간되었습니다.

바다의 전설

김옥경 시집

두엄

| 시인의 말

내가 아름다웠던 5월
그대가 아름다웠던 5월이
봄의 서정으로 살아난다
기적처럼 새롭게 열리는 세상
우리는 이제 마음 놓고 함부로 꿈을 꾸자
귀를 막아도 들려오는 슬픈 이야기들이
무엇으로도 위로가 되지 않던 지난 날
꽃이 피는 날도 봄이더니
꽃이 지는 날도 봄이다
노란 나비가 난다
꽃들에게 희망을

차례

1부 | 천 개의 달을 품어야 사람이 된다는데

사량도 옥녀봉 · 013
서해 갯벌 · 014
해운대 · 016
해마 · 017
울릉북면 삼선암 · 018
신의도 염전 · 020
제주비바리 · 022
통영 남매바위 · 023
송도 거북섬 · 024
서산 검은여 · 026
영광 칠산 바다 · 027
연오랑과 세오녀 · 028
영등사리 · 030
제주 지귀도 · 031
우이도 산태 · 032
만파식적 · 033
삼양해수욕장 검은 모래 · 034
동백섬 인어이야기 · 035
파시(波市) · 036
오동도 동백꽃 · 038

2부 | 물고기 비늘처럼 반짝이는 햇살

말짱 도루묵 · 041
대왕암 · 042
돗돔 · 044
장생포 고래의 노래 · 046
여수 석인 · 048
서산몽돌 · 049
울릉도 촛대바위 · 050
태종대 신선바위 · 051
제주 용두암 · 052
홍도 · 053
동해 해신당 · 054
갈매기 · 055
산갈치 · 056
해당화 · 057
주상절리(柱狀節理) · 058
태종대 망부석 · 059
홍어 · 060
비양도 · 061
청해진 · 062
한산대첩 · 064

3부 | 그리고 또 다른 생의 바다

∎

약속 없는 이별 · 067

음섬포구 · 068

주름 · 070

메밀꽃 피는 날 · 071

정선가는 길 · 072

블로잉 인 더 윈드(Blowing In The Wind) · 074

어느 가을 · 076

바람이 데려다 줄 거야 · 078

멸 · 079

잡부들 쉬는 시간 · 080

청라언덕 · 081

겨울강 · 082

버드스트라이크 · 084

시월이 오는 날 · 085

푸른 학살 · 086

만약에 · 088

첫눈 · 089

그 기억 속으로 · 090

니르바나 · 091

연극배우, 김운하 · 092

해설
응시의 시학, 저인망 그물로 쓸어 올린 전설의 바다
─정윤천 · 094

제1부

천 개의 달을 품어야 사람이 된다는데

사량도 옥녀봉

아버지,
정녕 제 몸을 원한다면
제가 먼저 저 산 위에 올라가 있을 테니
당신은 네발로 엉금엉금 기어 올라와서
나를 가져요
그래야만 저도 짐승이 되어
아버지를 받아들일게요
남자의 잔인한 본능이
멍석을 둘러쓰고 소 울음소리를 내며
산을 기어오르는 실성한 아비는
혹독한 환각에 빠진 한 마리 짐승
더는 오를 곳이 없어
차라리 두 눈을 찌르고 피를 콸콸 쏟으며
저 벼랑 아래로 몸을 던질래요
저곳은 우리의 영혼을 구하기 위한
다비의 바다
아버지, 우리 업을 지워요

서해 갯벌

납작 엎드린 등 뒤로
햇살이 오래 흔들릴 때
손끝을 물고 나오는 조개들
산다는 것은 더 깊이 들어가는 것이다
깊이깊이 들어가다 더 갈 곳이 없는 바다
그 속에 갇힌 하루하루가 사선을 그으면
무릎에서 덜그럭거리는 관절
그런 날이면 어머니에게서 흙냄새가 난다

지붕 아래 잠든 배고픈 새끼들
가야지 어서 가야지
어서 가지 못하고 기어가는 바닥
땀으로 흥건한 옷섶
당신은 그렇게 젖어도 젖지 못하는 마음
온종일 진흙에 미끄러지는 시간에도
쉽게 떨어지지 못하는 바다

당신이 잠든 곳은

아직 그대로 그 자리, 바다가 보이는 산자락
이제는 볼 수 없는 뒷모습
등 뒤로 쏟아지던 햇살 파도에 흔들려
저물어가는 기억에 너울이 일고
밀물이 빠져나가자 맨살을 드러낸 갯벌
구멍마다 뚫어진 모정의 그리움

해운대

상상해본다
고요한 혼돈의 시절
신이 품었던 달이
제 몸을 활짝 열어놓으니
차례차례 꽃이 피고
잎이 지던 날
구름이 달을 품은 바다
걷고 또 걸어 다다른 이곳에
인연을 맺고 간 신라의 선비
고운(孤雲)
그 손길로 음각한 해운대
매일매일,
투명한 하늘에 걸린 구름
몇 겹으로 밀어 올리는 은빛 비늘
지워지다 미끄러지는 비늘이
수심에 잠기어
사방에서 망설임 없이 들어오는
맨발의 달그림자
해운대에는 달의 발자국이 없다

해마

태종대 해마 석상을 유심히 본다
말머리를 닮았다 하나
골판으로 덮인 몸을 보면
용을 닮은 것 같기도 하고
또 어찌 보니 사람의 대뇌변연계의
양쪽 측두엽에 위치한 해마의 모습
어머니의 뇌 속에 휘어진 해마
듬성듬성 매듭진 엉성한 기억
빈 쌀독을 긁어대던 당신
욱신거리는 치매에도
끼니 걱정으로 밤을 지새우고
허기진 세월이 잘라 먹은 생선
비리다, 혓바닥에 찔린 가시
가난은 악몽이었나
지워지지도 않고 돌처럼 굳어진
어머니의 해마 석상

울릉북면 삼선암

하루 종일 내려다보는 바다
그 눈 속에 매장한 바위
섬목마을 지나는 바다 한가운데
멀리서 보니 두 개
가까이 다가서면 세 개의 기암
귀가 시간을 놓친 선녀들
퉁퉁 불은 저주가 거꾸로 박혀
거친 바람에 주름 잡힌 이끼
먼 산을 보고 또 보고 넘긴 세월
아직도 집으로 돌아가지 못한
세 자매의 날개 잃은 숨소리

집을 나가 돌아오지 않는 막내 여동생
내 눈 속에 가득한 얼굴
하루 종일 내려다보는 언덕에서
기차가 지나는 마을 한가운데
멀리서 보니 내 동생
가까이 다가서면 나무 한 그루

귀가시간을 놓친 아이
밥상 위에 퉁퉁 불은 국수
개밥그릇에 거꾸로 박혀
강아지 먹고 남은 국수 가닥
바람에 닳고 닳아 먼지 낀 시간
아직도 집으로 돌아오지 못하는
그녀의 날개 잃은 숨소리

신의도 염전

작고 투명한 꽃이 피었다
가장 희고 눈이 부시는 꿈으로
해와 달이 만든 소금밭
바람을 끌어올려 가는 길
역광에 번뜩이는 눈빛으로
짜디짠 생애를 건져 올리는
염부의 굽은 등
허옇게 삭아가는 백발

내 안에 그리는
짜디짠 아버지의 이승
모래로 버석거리다 터진 작업화
세상의 난바다에서
햇살을 뒤집어쓰고 노동으로 평생
땀 흘리던 아버지의 몸은
작은 염전
내가 파먹은 그 소금
그 무엇으로 메울 수도 없을 때

아무도 오지 않는 문밖을
기다림으로 서성이던 그 눈동자에
허연 소금기로 막힌 눈물샘
더 이상 울어지지 않던 숨 가쁜 밤
머물던 그 자리 움푹 패여
다시 피어난 소금밭

제주비바리

수면을 차고 떠오르는 공기 방울
중력을 타고 미끄러져 오는 속도에
가쁜 호흡을 쥐고 꿈틀거리는
푸른 자맥질
해녀의 바다는 명랑하다
깊고 깊은 눈으로 휘파람 날리며
물 밖으로 걸어 나온 여인
가는 발끝을 움직여 주워 모은 하루
얇고 정갈한 맨몸을 후려치는 물고기
꼬리를 파닥이며 흩어지는 저녁
빨랫줄에 널린 잠수복
봉합선에서 풀려나온 피곤한 실밥
물기를 머금고 쉬는 동안
석양에 물든 가르마에 날리는
하얀 비늘
돌도 많지만 바람 많은 바다를
온몸 퍼렇게 걸어온 여인들

통영 남매바위

태어나지 말아야 했나
쌍둥이 남매는 단명한다고
미신의 노예가 되어 버린 부모
그들의 중심에 딸은 자식이 아니라고
귀먹고 눈 없는 마음에
차마 죽일 수 없다고 하여
매물도에 갔다가 버리고 나오니
섬에 홀로 남겨진 어린 소녀

오로지 그녀의 몸을 통과하는 것은
바람과 파도 소리
밤이면 별빛을 삼키다
열여덟 해, 향기 나는 처녀
바다를 건너온 총각을 만나
사랑을 가졌으나
날카로운 운명의 못에 찔려
바위로 굳어지고 말았네
천륜을 저버린 아픔도 오래가면
그 서러운 마음 비울 수 있을까

송도 거북섬

인연은 생의 한순간으로 오는가
아무것도 걸치지 않는 알몸으로
날카로운 눈빛과 부드러운 입술로
이미 새겨진 운명의 끈을 따라
풍랑을 피해 동굴로 들어온 어부
용의 딸을 만나
상처 입은 여인의 살과 뼈를 치료해주니
훈훈한 달빛이 스며들어온
붉디붉은 사랑의 꽃
줄기를 길게 뽑아내어 흐르나
어찌할꼬!
사랑하고 사랑했지만
인간과의 사랑에 노여움을 탄 용왕님
벌을 내리니,
천일의 날을 기다려
천 개의 달을 품어야 사람이 된다는데
하나가 남겨진 밤에
한 개의 달이 공허하게 흩어져

비켜 가버린 약속의 칼날
서로의 심장에 박혀
그대로 굳어버린 차디찬 꽃

서산 검은여

의상대사와 선묘낭자의 애틋한 사랑
푸른 울음으로 깊숙이 잠겼다가
다시 몸을 드러내놓는다
죽은 것은 아무것도 없다고
지독한 사랑이 무겁게 내려앉아
물 위에 떠 있는 바위
단 한 번 피우지 못하고
천 년이 지나도
끝내 마주하지 못하는 사람이여
저편 부석사 키 큰 나무로 서서
그대 안에 차오르는 눈물 닦아줄까
가슴이 뜨거워 그대 가슴 뜨거워
떠나지 못하는
그리움에 멍든 바다

영광 칠산 바다

처음부터 육지로 이루어진 곳
돌부처의 귀에 피가 흐르면
이곳은 바다가 된다는 사람들의
말과 말이 두껍게 돌아
부처의 영혼이 내린 저 섬들은
노도처럼 차오르는 물이 삼킨 일곱 고을
사철 바람을 비켜
시공을 더듬어오던 신의 손길
점 하나 찍어
침묵으로 잠든 절묘한 표정
흐르는 세월 속으로
저 혼자 깊어지는 바다,
다시 태어난 그 자리
중중첩첩 착시에 사로잡혀
허공을 떠도는 파도 소리에 흩어진
일곱 개의 별
바다의 북두칠성인가

연오랑과 세오녀

멀고 먼 옛날 동쪽바다
연오랑은 고기를 잡다가 바위를 타고
일본으로 떠내려가 버렸지
해가 져도 돌아오지 않는 남편을 기다리다
그가 벗은 놓은 신발 위로 올라서니
물고기가 전처럼 그녀를 싣고
동쪽 나라로 가버리니
신라에는 낮과 밤이 사라져
세오녀가 짠 고운 명주 비단 앞에 놓고
제를 지내니 다시 떠오르는 해와 달

부부는
혼자서 가도 사라진 채로 가도
한 몸이었지
해가 뜨는 아침에도 해가 지는 저녁에도
바라보고 또 바라보니
사랑은 서로의 몸에 달라붙어
깊고 깊은 마음속 떨어질 줄 몰라

바람과 물결을 맴돌며
빛과 어둠으로 살아가나

영등사리

바람의 신이 온다는 음력 2월
속살 깊어 보이지 않던 바다
제 속을 드러내고
길을 열어준다
물을 가두었던 바다
바다를 가두었던 물
영등신이 밟고 지나간
바람의 길
이제 나는 안다
바다도 길을 내어 준다는 걸

잠적 되어버린 물을 쫓아
엉금엉금 기어 나온 조개들
검은 바닥에 한 몸을 이루는
겹겹의 자국
뒤돌아 먼발치로 두고
놓아버려도
물이 되어 다시 돌아오는 바다

제주 지귀도

여인의 간절한 소원이 생겨
생사를 끊고 흙을 퍼 나르기 시작한다
흙투성이 맨발, 다 닳도록
치마폭에 흙을 나르자
찢어진 치마 구멍 사이로
하염없이 떨어진 흙 부스러기
쌓이고 쌓여 하늘에 닿을 만큼 높아진
한라산
그 아래에 떨어진 자잘한 흙들이 만든
오름
그녀의 살점이 떨어진 그곳은
어떤 비바람에 갇혀도 젖지 않는
어머니의 품

우이도 산태

기울어진 각도
청춘 남녀의 전설이 매달린 언덕
바람이 옮겨다 놓은 사막인가
여기는 알제리, 모로코
이동 경로를 상상해본다

낙타가 걸어가는 길 위로
시시때때로 달라지는 물결무늬
오랫동안 풀지 못한 암호
빛의 깊이로 읽어 내려가며
모래의 자간과 행간 사이를
빠져나가는 부호
그 물음과 느낌을 길게 밀고 가던 하루
짙은 그늘을 드리우고
언약도 없이 헤어지는 이들의 발자취
햇빛의 마찰로 반짝이다
손가락 사이를 빠져나가는
한 줌의 노을

만파식적

하나가 아닌 둘
기울지도 더하지도 않는
구속 아닌 구속으로
생의 마디와 이음으로
둘은 그 안에서
한 자세로 깊다

마음에 도사리고 있는 이기
지나온 시간만큼 무거워진 무게
다 내치는 날
반을 비우고 다른 반을 채워
한 사랑이 또 한 사랑의 손을 잡아
엉켰다 풀어지는 물결처럼
서로 고개 숙이는 예를 가질까,
그대는 아는가
두 개의 직선이 만나
세상을 구원하는 피리 소리를

삼양해수욕장 검은 모래

바다를 떠나서 살 수 없던 사람들이
죽어서도 끝내 바다를 떠나지 못해
풍랑에 밀려온 망자의 혼인가
모래의 살결은 검은빛
어쩌면 아무도 모르게
조금씩 깊어진 여인들의 한숨이
비리다

무자비하게 내리퍼붓는 태양에
등이 휘도록 살다간
누군가의 남편이
또 누군가의 아버지
또 누군가의 자식이
또
또
구멍 사이
검은 모래가 흘러들어온다

동백섬 인어이야기

동백섬 달빛 아래
눈이 멀도록 아름다운 그대
부풀어 터지는 그리운 시절
허공중에 날리다
몸속을 채우고
다시 몸속을 채우니
고향이 그리워 울고 있는 황옥 공주
누가 거울을 내어 주었나
달에 거울을 비추니
어느덧 눈앞에 펼쳐진
나란다국의 아름다운 달밤,
은빛 비늘이 유영하던 물결 위로
흔들리는 동백 꽃잎

파시(波市)

파도가 들썩거리는 장터
정신없이 물을 빠져나와
생명을 재촉하듯 헐떡이는 아가미
죽어도 죽지 않겠다
끝끝내 놓지 못하는 집념이
빳빳하게 고개를 쳐들어
발버둥 치는 삶들의 마디마다
가시 돋친 바람이 들어
쉬운 듯 쉬운 것 하나 없어
살아도, 살아도
날마다 낯설어지는 세상
배 위에 출렁이는 비탈진 세월
오지게 얽어매고
그물에 주렁주렁 매달린
햇살을 말리다 뒤돌아보니
다 어디로 갔을까
그 많은 물고기
그 많았던 사람들

하얗게 사라진 전설로 번져
저만큼 세워 둔 물갈퀴
골골마다 곰삭은 설움이 다져놓은
붉은 노을, 빈 바다를 건넌다

오동도 동백꽃

그대를 향한 기다림이
달 아래 서성이며
이별이 야속한 바다
여인의 숨결로 배어나는 그리움
부풀어 오른 꽃망울 사이로
파도가 걸터앉은 바위는
한 덩이의 슬픔
이승의 하루를 물어뜯는 새들의
무성한 사랑이 떨리고 떨리다
서러운 꽃이 되어 오는 섬
꽃이여
끝나지 않을 길고 먼 사랑아

제2부

물고기 비늘처럼 반짝이는 햇살

말짱 도루묵

임진왜란 피난길
선조께서 처음 본
탱글탱글 은빛 물고기
먹는 맛이 일품이라고
해가 짱짱하도록 흥분하더니
전쟁의 바람이 지나고
참 서운도 하지
너를 만난 시작은 어디냐
눈에 아슴아슴한 것들은
아무래도 그 맛이 그 맛이 아니라
사람의 맘이 간사하여
어찌 이리 쓸쓸할까마는
입 안 가득 번지는 그 맛은
다시 돌아와 그대로
말짱 그 맛이 아닐세

대왕암

멀리 보이는 듯 바로 눈앞이다
죽어서도 나라를 지키려는
왕의 꿈이 잠긴 바다
한 때 국운이 푸르게 일렁이던 대왕암
당신은 지금의 역사를 묻는다
그러나 역사의 그림자는
까마득하고 까마득하여 답을 못하니
발아래 나를 지우는 물결의 음색

야성을 잃어가는 허기진 바다
살아온 물고기들의 별자리
사위에 깔려 왕을 지키고
호국영웅의 호탕한 웃음
오랜 해풍에 말리어 가는 바다
푸르게 펼친 전설을 돌아
어부는 그물을 걷고 집으로 가는 길
세월도 고기도 다 어디로 갔는지
서성이는 빈 배

수평선을 등지고 앉아
달을 먹고 해를 지운다

돗돔

용왕이 점지한 사람만이 잡을 수 있다고
3대가 공덕을 쌓아야
그 고기 맛을 볼 수 있다고 하나
쉽게 잡기 어렵다는 전설의 심해어
타원형의 몸은 크기가 사람만 하고
등에는 가시 모양의 지느러미가 달린 그를
수중 암초 굴속에서 밖으로
불러낼 수 있다는 달콤한 희망이
태공을 부산 앞바다로 불러 모은다
그리하여
팽팽히 휘어진 낚싯대에 감긴
사내들의 뜨거운 열정이
떼어 놓을 수 없는 눈길로
온종일 바다를 지키고
빈 하늘을 이어가던 갈매기 어디쯤
위태롭던 파도에 지쳐 돌아오는 시간
아주 떠난 줄 알았던 돗돔
억척스럽게 다시 살아 오르는 순간

싱싱한 웃음이 질주하는 바다
돔 봤다
돗돔 봤다

장생포 고래의 노래

한 시절을 보냈다
빛으로 술렁이던 날
어느 쪽으로 봐도
대왕고래 귀신고래 참고래 긴수염고래
밍크고래 돌고래 북방긴수염고래
검은 등과 흰 배에 부서지는 물결무늬
제 몸에 술렁이다 부서지는 물결무늬
그 많던 고래들은 다 어디로 갔을까

박물관 허공에 걸린 고래 뼈
멀어져간 고래의 비밀을
찬찬히 짚어 가면
뱃길 건너
두런두런 주고받던
취객의 술잔

아직 불씨가 남아 기다려 볼까
풍화된 흰 뼈가

상상임신으로 새끼를 낳아
한 번만, 다시 한 번만
입을 굳게 다문 바다에서
그들의 노래를 들을 수 있을까

여수 석인

군자동 진남관 뜰 앞
팔짱을 낀 채 언덕에 서서
바다를 지키는 조선 시대의 석인
사나운 바람 소리를 걸쳐 입고
발끝이 아프도록 오직 적들에게
집중하는 동안
귓전을 움직이는 푸른 소음에
물고기 비늘처럼 반짝이는 햇살
구원의 등불이던가
세월 속에 머무르는 전쟁의 배경 뒤에
은둔한 그대 역사

서산 몽돌

보이지 않는 바다
물과 하늘의 경계가 사라졌다
돌과 돌 사이를 빠져나가는 물소리
쏴르르 쏴르르 쏴르륵
몸에 윤기를 반짝이며 두드리는 건반
또 하나의 음을 만들어 오는
바다의 파르티타

내 귀에 범람하는 돌들의 울음
눈에 보이지 않는 돌이 있다
수많은 시간을 아파하다
슬픔에 가라앉은 앙금들
오래오래 지나서야
발견된
둥글게 닳은 까만
내 생의 몽돌

울릉도 촛대바위

저동마을에 사는 홀아버지와 딸
조그마한 배 한 척, 손바닥만 한 밭
일 년 농사에 나오는 것은 옥수수뿐
그나마 바람 때문에 흉년이 들어
끼니 걱정에 고기잡이 떠난 아버지
눈보라 휘날리고 파도는 점점 거세어지는데
바다는 웬수다, 탄식의 눈물
밤이 지나고 다시 동트고
며칠이 지나도 돌아오지 않아
상심한 딸이 기다리는 바다
곧 간다, 곧 간다
꿈결처럼 들려오는 아버지 그리운 음성
조금만 더 다가서면 만날 수 있을까
배가 있는 곳으로 파도를 헤치고 가다
지쳐 쓰러져간 그 자리
바위 아래 잠든 지극한 효심

태종대 신선바위

저 부드러운 새의 깃털로
건져 올린 한 줌의 바다
무명으로 사는 지혜를 깨달아
바람과 바람 사이를 떠도는
티끌
가벼이 걸치고
기다림과 비움을 아는
신선이 될까

제주 용두암

신령님의 옥구슬을 훔쳐 물고
용으로 변한 이무기, 하늘을 오르다
그의 화살을 맞고
검푸른 비늘로 흔들리다
승천하지 못한 한이 굳은 바위
장벽처럼 섰다가
바다를 떠나지 않고
삭아가도록 담아둔 이야기
또 하나의 물결이 일고
그대 영혼을 스치는 바람 한 줄기
차마 내가 기억하지 못하는
저 먼 날 그대의 눈물

홍도

아주 멀리 왔다고
열심히 걸어 왔다고
또 하나의 바다를 지나
홀로 다다른 그곳은
마음의 점을 찍는 섬이 된다
고요한 섬에 내리자
깊은 수심에 걸린 일상이
물결에 흐느적일 때
침묵은 섬이다
섬을 점령한 노을
붉다,
잔인하게 아름다운 것들
누구도 거역하지 못하고
그저,
망연자실

동해 해신당

마주하여 바라보아도
다가갈 수 없어
애타게 갈망하는 연인들의 사랑을
바람과 달이
서로의 안부를 풀어놓은 바다 위
파도를 타고 밀려왔다 밀려갔다

이승의 운명을 비껴간
애랑이와 덕배의 사랑이
그리움의 뿌리가 되어
서로의 안부가 못내 궁금해
모래알마다 떨어진 눈물
비바람에 꺾인 세월
깊고 깊은 응어리 지우지 못해
흔들림 없는 돌이 되었나
슬퍼도 울지 못하고 잠든 영혼이
별빛으로 떠도는 동해

갈매기

새들의 주술인가
날아다니는 암호들
층을 이루는 문장,
서로의 끈을 잡고 놓지 않는 경계
결코 서두르지도 늦지도 않는 몸짓

바다와 하늘 사이

허기진 사람들의 풍경이
도시를 나와 우르르 바다로 뛰어들어
기웃거리는 하늘
구름의 늑골을 타고 흐르는 눈길
어디쯤에서
허허로운 마음을 얹어보나
더는 잡을 수 없는 오늘이
긴 수평선을 넘기고
노을에 박힌 새들의 발자국
무겁게 내려놓는 저녁 바다

산갈치

들어본 적 없었지
심해에 살고 있다는 신비로운 이름을
보름은 바다에 보름은 산으로
날아다닌다는 환상의 전설

제주시 추자면 영흥리 해안
사람들은 금광을 발견한 듯이
웅성대며 구경한다
길이 4m 몸무게 52kg
불처럼 흩어지는 비늘을 뿌리며
은밀하게 살던 그가 의식을 잃고
죽음의 형상으로 모습을 드러냈다
몸을 누이고 잠든 영혼
분주하게 전송되는 유언들을
각자의 기호로 해석해보지만
속 시원한 답도 없이
추측이 난무하는 현장
눈감은 그의 내면을 그려볼까

해당화

한 여인의 위반 된 사랑이
마력을 잃고 꽃이 되어버린
너의 자취를 따라 가보련다

비 내리는 날
한 점의 꽃잎, 바람으로 날리다
잘게 부수어진 그녀
섬의 나무로
이 자리를 떠나지 않으려는 이유
언젠가 한 번은 또 다른 인연으로
나를 찾는 날
그저, 이름 한번 불러주기를
해당화
라
고

주상절리(柱狀節理)

신들의 전쟁이다
땅과 불의 만남
길고 긴 사투를 끝내고
뜨겁게 끓어오르던 피가 차갑게 식어
수직 절벽을 이루는
다각형의 무수한 돌기둥
검은 돌을 타고 흐르는 절묘한 풍경
본 적 없던 곳에 눈을 떼지 못하고
갈라진 틈새로 전해오는 전설은
격렬한 만남이 타고 남은 흉터

때로는 살다가
생의 어느 지점에서
잠자던 민중의 마음이 들끓어
용암 같은 분노로 밀어낸
혁명의 죽음
시대와 더불어 살다 사라진
사람들의 넋

태종대 망부석

별이
바다에 다 떨어지고
내 몸에 열꽃이 피었다 져도
마술에 걸린 듯
돌아오지 않는 당신
부서지는 파도 소리에 주저앉아,
무정한 이별이
당신 곁으로 가까이 닿고자
저리 찬물에 발을 담그고 있네
오래,
오래도록

홍어

때가 되면 알게 된다는 그것이
처음에는 낯설고 부담스러워
입속으로 천천히 밀어 넣어
미끄러지듯 가 닿는 순간
나도 모르게 굳어진 인상
호흡의 길이가 잠시 짧아지다
일렁이는 미간 사이로 출렁, 올라오는
그 맛에 갇혀버려 눈물이 쏙 빠진다
그러나 뒤돌아서면 다시 생각이나
한번 알고 나면 못 잊는 그 맛
오래 묵을수록 색다른 향에
코 잘리는, 없어서 못 먹는다는
일 코
이 날개
삼 몸통

비양도

그 옛날 바다 한가운데
지우고 지워버린 이야기
어디서 날아왔을까
보이지 않는 머나먼 곳
저 섬은
바다의 상처 일지도 몰라
외로움이 푸르게 물든 섬 그늘에
가라앉은 그대 울음이
바람에 묻혀
슬픔은 언제나 반대 방향으로
그러나 언제나 같은 자리에
갈등 없이 서로에게 몰두하다
아련함이 베이는 전설을 듣나

청해진

온몸으로 받아들인 바다는 사내들의 거주지
삶의 여정을 실은 무게가 무거워질수록
가벼이 거두어들인 바다
시커멓게 입을 벌린 폭풍 속으로 투석된 청춘들
무성한 전설이 더 많은 물살을 모으고
빠르게 흩어지는 안개 사이 붉게 스며드는 태양
또다시 노 저으리라
잘 훈련 받은 전사들이 깃발을 펄럭이며
북을 두드리니 평온한 정적이 두둥둥둥

무디기는 하나 참을성 많은 백성들의 바다
바다를 다스리는 신의 재단을 높이 쌓아
행운이 오기를 기다리는 날
무수한 물고기 떼들의 산란이 소문처럼 떠돌아
물 위로 뛰어오르는 그 우아한 몸짓에 다다른 기록
혁명의 좌절을 기억하는가, 저 바다는
지금 우리는 어디에 서 있나
풍요의 한 때를 경험한 생생한 날들이

상실되어 버린 저곳, 목적지의 위치가 지워져
적들에게 초토화된 잿더미 마냥
물고기들의 씨를 말리는 중국어선들
저 오류의 바다
지금까지 바다에는 늘 고기가 있을 것이라고
믿고 살아온 이들이여 침묵하지 말자
바다는 쉽게 주지 않는다

오래전 더 오래전에 이미 운명이 예정된 날
죽은 어부의 영혼이 비늘을 품고
수초에 잠겨있을까
울부짖는 소리가 물 반, 꿈 반
이따금 기억에 기대는 어부의 단단한 배들
다시 싸우기 위해 힘차게 나아가는 바다
머나먼 역사를 싣고 나아가는 개척자
짙푸른 갑옷으로 드리운 사내들
물비늘로 퍼덕이는 순례의 행진
꽃 핀 듯 밤바다에 가득 실은 고깃배

한산대첩

피로 물들여진 조선을 구하자
당신의 눈물이
달빛으로 부서져 내리는 바다

군사들이여, 북을 쳐라
찢어지고 터지도록
그 무엇도 두렵지 않아
반격을 가하나, 적들의 함성은
끝없는 파도로 몰려와
뜨거운 불꽃으로 활활 태운
가버린 임들의 넋이여

제3부

● ● ●

그리고 또 다른 생의 바다

약속 없는 이별

다시는 오지 않을 것 같던
팽목항에 봄이 찾아 왔네
화사해라 저 유리창에 비치는 햇살
첫사랑이 온 듯 설레더니
오늘은 세월호를 인양하는 날

무엇이 그리도 무서웠을까?
심해에 잠긴 진실이 떠올라
한탄하는 어지러운 세상
엄마는 아이의 숨소리를 쥐고
시퍼렇게 멍들어가는 가슴
3년을 기다리다
돌아온 너를 껴안으려
두 팔을 벌려보지만
휙 휙 늘어지는 바람뿐
아가야, 아가야
너를 지키지 못한 엄마가
죄가 많구나

음섬포구

물이 빠져나간 바다는
이방인의 아득한 마음이 깔린 사막이다
젖은 구멍을 밀고 나오는 칠게 한 마리
삶의 애착을 단단히 동여매고 가는데
맨 몸으로 싸우다 이곳까지 온
중년의 노동자와 수직을 이룬다

철골들이 높은 탑에 공기를 붙들어 세우고
나는 그 공기를 흡입하면서
날개 없는 비행을 할 때마다
태양이 일으키는 발작으로
목장갑 길이만큼 까무잡잡해진 팔뚝에
푸른 추를 매달아
허공의 생을 쿡쿡 찌른다

물이 빠져나간 포구는
생의 젖줄을 잃은 사막이다
나는 한 마리 낙타가 되어

길이 없는 길을 걷다
헛발로 뭉개진 시어들이
썰물로 빠져나간 이곳에 앉아
심장의 문을 열어젖히고
아침으로 다가오는 너를 만날 수 있을까

주름

누군가 울고 있다
아픔을 견딜 수 없어 가슴을 뜯는 소리
집안 곳곳을 돌아다니는 불안한 기운
귀를 곤두세우고 소리의 행방을 찾는다

냉기를 잃어가다 종종 얼어버리던 음식들
녹았다 흘러내려 부패되어버린
얼룩들이 군데군데 남겨진 냉장고
두터운 주름을 잡고서
힘껏 사력을 다하는 저 모습은
저녁노을에 비친 삶의 그림자

생과 생의 줄들이 뇌 속에 거미줄로 얽혀
사랑하는 사람의 얼굴조차 기억나지 않는
나이로 늙어가듯 오늘 그대가 끝내
돌아오지 못하겠지만 나는
고장 난 냉장고의 문을 닫고 기다려본다
물고 있는 저 서러움이 끝날 때까지

메밀꽃 피는 날

메밀밭 사이를 빠져나온 바람은
또 다른 바람을 등에 업고 간다
바람이 빠지고 없는 메밀밭
하얗게 쏟아져 내리는
꽃들의 함성은
어머니가 생전에 담아주던 쌀밥
밥알은 꽃이 되고
꽃은 환생으로 빛나
잊지 않겠다는 약속인가
어느덧 깊게 드리워진 그때의 당신 나이
지금 나는 어머니의 그림자를 밟고 있는 건가
성성한 백발로 서 있는 이곳은
봉평 가는 길
그리움이란
피다가 지고 다시 피는 꽃

정선가는 길

아주 오래전 먹다 남은 밥그릇
뚜껑을 열어보니 곰팡이가 피었다
자세히 들여다보니 밥이 푸르다
마치 서강의 푸른 물처럼

강원도 영월 소나기재 아래
푸르디푸른 서강을 바라보며
잘 보지 않던 역사를 읽는다

적과의 싸움에 패하자
자신을 질책하며 이곳에 투신하여
자라바위가 된 한 장수의 전설이
구름에 쌓인 선돌로
환하게 우리를 바라보는데
지고 또 지는 세월 속
할퀴고 지나간 바람에도
새순 돋우던 나무들
이 풍경의 하루

다시 돌아오지 못할지라도
암벽 사이 솟아오른 하늘은 눈부셔
저만 가고 있는 저 강은
서로 살아온 세월의 맨살
강 건너
배고파 누운 산 아래 낮은 마을
푸름이 밥그릇에 담기듯
배불러오는 보름달

블로잉 인 더 윈드(Blowing In The Wind)*

갑자기 들이닥친 추위에 몸을 움츠린
십이월의 첫째 날
신문사를 그만둔 K 선배가 찾아왔다
해체된 자유를 펄럭이며
바람을 잔뜩 묻혀 온 그가
살아가는 의미가 없어졌다고
말을 뱉으며 소주를 털어낸다
나는 아무런 대꾸도 없이
이미 익어버린 고기를 다시 굽는다

배부른 자들의 웅성거림이 혼란스럽다
남들 다 살아가는 세상에
바위보다 무거운 현실이 어깨 위에 올라앉아
밀려나는 꿈 밖에서 모호한 존재가 되어
도시의 어둠을 서성이나
내 앞에 앉아있는 당신은 왜 낯설어 보이나
죽음으로 완성되어가는 황혼의 한순간에
끄집어낸 자아가 뒤꿈치를 들고 웃어보려네

핏물이 배어 나오는 고기가 얹어진 석쇠 위
숨겨진 죽음의 기호를 태우는데
누군가 이승의 강을 건너나
앵앵거리는 구급차 소리
낙엽을 숨 가쁘게 몰아내며
달리는 불빛 달린 긴 꼬리
초겨울 밤이 울고 있다
가느다란 신음을 차곡차곡 늘리며

인생은 가보지 않은 여행길
우리는 또다시 낯선 길을 찾아 떠나야 하나
공허하게 멀어져가는 오늘
다시 돌아오지 못해도
지상에 남길 삶의 무게로 통증에 저린 무릎관절
까맣게 지워지는 길 위에 말없이 서 있는 그대여
얼마나 많은 길을 걸어야 남자라고 불릴 수 있을까

*밥딜런의 노래

어느 가을

막냇동생이 갑자기 세상을 떠났다
바닥으로부터 솟아오르는
회오리바람
숨 한번 들이쉬며, 나는
그의 고단함을 불에 태우고
바다를 찾는다

지상으로부터 걸어온 눈물들
바다에 이르며
하얀 뼛가루들, 바람과 함께
허공에서 미친 듯이 춤을 추다
휘청거리는 물결 속으로 빠진다
자유롭다 너의 영혼
최초의 모습으로 돌아가라

밀려오던 파도가 결을 이루어
빠르게 빠져나가는 바닷가
웅크리고 있는 검은 바위

바다는 너무 고요해
새들의 울음소리 내 속으로
자꾸 속으로 밀어 넣다가
꾸역꾸역 올라오는 그리움을
모래에 내뱉으며
생의 거품이 부글거리는데
저 태양은 누가
수평선에 걸어 놓은 걸까
어둡기 전에
너를 보내줘야 하는데

바람이 데려다 줄 거야

나무에 매달린 잎들이 진다
외로움에 소름 끼치는 순간
모든 것이 멈추어진다
어떻게 해야 하나
가슴 노랗게 번져오는 생명줄
울고 가는 저들의 또 한 생이
이별의 매듭을 지으면
나도 언젠가 저렇듯 야위어
까맣게 태워버린 사랑과
날아 가버린 세월에
듬성듬성 빠진 머리카락을
움켜쥐고 열반에 들 때
바람이 데려다줄까
혼자 가는 그 먼 길을

멸

건조한 저녁, 2호선 문양 행 지하철 안
경로석에 앉은 노파를 그린다
노파의 헐거운 입이 쉴 새 없이
헐렁거리며 허공을 씹는 걸까
눈빛이 멀겋다 불빛도 멀겋다

헝클어진 머리를 감싸고 있는 스카프
표범 무늬가 미세하게 흔들리고 있다
내 눈에 어른거리는 늙은 사자 한 마리
아프리카 짐바브웨 사자가 멸종되고 있다
저물어가는 생태계
멸망해 가는 생의 각도 속
육신을 적시는 쓸쓸한 초침
쉬지 않고 재각이다 나와 맞닿은
여기는 사람들이 우글거리는 또 하나의 밀림
열차가 속도를 낸다, 굶주린 맹수처럼

잡부들 쉬는 시간

빠리바케뜨 평택공장
노랗게 허기진 은행나무 아래
안전모를 눌러 쓴 사내들 줄지어 앉아
발끝으로 내려온 햇살을 문지른다
공사장 한쪽으로 드러누운 철골 보다
더 단단하게 살아온 날들이
남아있는 힘 한 자락으로 오르내리던
가파른 저 계단에 박힌 한숨
정맥이 정지된 듯
과거는 먼 곳으로부터와
또 다른 과거를 만들어가고
떨어진 은행잎보다 아직도
더 많이 달려있는 잎들은
우리가 가야 하는 날들만큼인가
긴들거리던 은행잎 떨어지고
짧은 휴식시간,
공중을 떠돌던 먼지
체크무늬를 잡아먹는다

청라언덕

백 년이 지난 돌계단 위를 걸으며
나는 회상한다
아직 남아있을까 유년의 흔적들

교회 종소리에 묻혀간 삼십 년 세월
마을은 사라지고 낯선 건물 즐비한데
서성이는 바람에 묻는다
꽃잎처럼 뒹굴던 아이들
지금 어디서 오늘을 보내고 있을까
내 기억에 돋아나는 겨울 수돗가
밤새 쥐가 갉아먹은 비누로 세수하던
여학생의 얼굴에 허연 김이 오르고
검은 교복, 계단을 걸어 내려가던
그날은 무엇으로 다시 돌아갈 수 있나
살다가 그대들이 보고 싶은 날
바람과 세월이 뒤엉킨 청라언덕에 올라
그리운 얼굴들 하나씩
달빛에 걸어볼까나

겨울 강

화원 사문진나루터 주막
우리들의 겨울이 앉아 막걸리를 마신다
앙상한 속살 헹구어 내는 술 한 사발
노을에 발갛게 물든 김치 한 조각
매서운 우울로 삼킨다

계약이 만료된 기간제교사의 여유로운 방학
아이들과 정들기 전 이내 떠나야 하는
계약직이라도 좋으니
자리 한군데 연락 오기를 숨 가쁘게 기다려보지만
자꾸만 좁아져 오는 목구멍의 간격

오늘 같은 날
세상의 겨울은 모두 여기서
바람으로 우리를 흔들고
세상의 모든 술은 여기서
강으로 흐르는데
오래 기다려도 괜찮아, 운이 좋아

저 강처럼 늘어진 길고 긴 정규직
뿌리를 깊게 박아
한 뼘씩 늘어나는 그대의 웃음소리가
꽈리처럼 부풀어 오르기를

버드스트라이크

새들은 아무 때나 정지할 수 있어, 명랑하게
그러나 넌 착지점을 벗어나 버렸지
헬리콥터유리창에 박힌 부푼 눈알
허연 피가 주르륵 흐른다
무엇을 보았기에 사소한 일상에 부딪혔나
속도 따위가 무슨 소용인가
무모한 것들이 나를 지배하던 시절
태양은 우리에게 길을 내주었고
뜨거운 바람에 젊음을 달구어
저항의 언덕으로 달리고 달리다
제풀에 식어버린 우리들의 가슴에
하늘은 많은 비를 뿌렸지, 물은 넘쳤고
곳곳에 알 수 없는 쓰레기들의 악취로
몸살을 앓던 세상은 점점 방향을 잃어가다
아무 일도 없듯 귀를 닫고 입을 다물어버리던 날
거대한 벽에 머리를 박고 통곡하던
젊은 새들의 순장된 기억, 이제는
더 이상 아프지 않은 매몰된 상처

시월이 오는 날

내 눈에 떨어지는 눈물로 꽃다발을 만들었다
구름 너머 본 적 없는 새 한 마리 돌고 돌아
하얗게 넘어가는 저 끝,
기억에서 멀어지지 못하는 이들이 잠든
붉은 숲 붉은 슬픔에 감겨드는 바람 소리
아버지는 어디로 갔을까
잠시 일 보러 읍내에 가시다 무작정 끌려간 후
소식이 없어, 제사도 지내지 못한 세월에
닳고 닳은 뼈들이 엉킨 골짜기에 남긴 이름 석 자
아직도 저 벽에 걸린 사진에는
삼십 대 청년으로 웃고 있는 아버지
다른 곳에서 길을 잃고 집을 찾아다니시나요,
목 놓아 울던 어머니의 등에 업힌 어린 자식은
그 어미의 나이를 훌쩍 지나 이제 일흔이 되어
짓밟힌 세월을 딛고 일어서는 그리운 얼굴
풀처럼 자라나 가슴을 뒤덮어도 끝끝내
풀어내지 못하는 사연들, 표정 없이 겉도는 가창 골
핏물 든 시월이 내려놓고 간 죽음의 묵정밭

푸른 학살

일천구백오십 년 여름이다
악마들의 총소리에 놀란 잎들이 떨어진다
양민들의 흰옷에 번지는 붉은 피의 역사
경산 코발트광산 수직갱도 깊이 약 100미터
누군가의 비명이 줄을 매달고 낙하한다,
비명이 비명이 아! 그 처절한 비명이
구멍을 메우고도 너무 많아 구멍 밖으로
밀려 나온 수천 구의 시신들

이승의 마지막 날
멀리서 날아오던 까마귀들조차
고개를 돌려 서럽게 울어대던 날
이 땅의 무고한 생명들이 그저 오늘 하루 충실하다
주린 배를 움켜잡고 풀뿌리 캐 먹던 퍼런 입으로
영문도 모른 채 끌려온 총살의 현장은
세상에서 가장 슬픈 죽음으로
첩첩산중 골마다 몇 달을 흐르던 비린 냄새
그 냄새에 숨조차 역겨워

똥개마냥 혓바닥 내밀어 헉헉거리던 그 날은
지구 밖으로 내던져진 멍든 가슴이었나
잘난 것들이 만들어놓은 세상이었던가

죽음이 득실거리던 푸른 골짜기에는
젊은 아버지의 영혼들이 아직도 구천을 맴돌고
늙으신 어머니의 고름이 배인 발길이
비문도 없는 죽음의 현장에 서성이던
한 맺힌 그 눈물방울이
거짓된 역사 위에 또다시 흘러내린다
검게 탄 눈물로

만약에

광화문 광장에 피어나는 불꽃
그것은 시민들의 입김으로 피운 혁명의 불꽃
차 없는 광장으로 달리는
나의 함성과 그대들의 함성
초 중고학생들은 외친다
지금의 어른들이 사는 세상에
결코 두 번 다시 살고 싶지 않아
잠시 책을 접고 역사를 바로 세우기 위해
이 자리에 왔다고 외치는 걸음마다
별이 떨어지고 별빛이 환한 거리에
끝도 없이 펼쳐진 민주주의 열망,
두 여인이 만들어 놓은 잔혹한 비사
지워도 지워지지 않고 더욱 활개 치는 슬픈 겨울
민중의 영혼을 갉아먹은 추악한 자들이 점령한 이 땅에
민주주의가 다시 온다면
억울한 자가 없는 세상 누구나 평등해지는
행복한 세상은 올까요
만약에 세상이 바뀐다면

첫눈

그대 내게로 처음 다가오던 날
아주 먼 곳에서 날아와 조용히 스며들었나
바람은 그때도 불었지
실눈을 뜨고 바라보는 그대 희디흰 살결
아직도 시간은 많은데 숨 가쁘게 달려와
낯설지 않은 얼굴로 투명해지는 사랑아
담쟁이 넝쿨에 매달린 난해한 이별이
고양이 울음처럼 날카롭게 찢겨
철썩, 내 귀를 때리나
또 한 번 나를 그대에게 가두나
첫눈에 반한 첫눈
눈 속으로 들어간 또 하나의 눈
그리고 그것은 끝이 아니라
이생의 바깥으로 가는
또 다른 그리움의 詩作

그 기억 속으로

봄의 살들이 햇빛에 술렁일 때
하얗게 세탁된 이불을 널어놓으니
지운다고 지웠는데
선명하게 얼룩이 남아있다
무심코 손으로 비벼 봐도 점점 더
속으로 깊어져 굳어진 자리

살아오는 동안
지우려 해도 지워지지 않는 기억
심장을 뚫고 불꽃으로 피어나던
그 사랑이 너무 지독해
가슴 한복판 빛바랜 얼룩을
움켜쥐고 살아온 생의 길목에
하루하루 스치는 바람의 울음도
더는 아프지 않을 때
그도 추억이라는 얼룩으로
아직 남아 있을까

니르바나

돌담에 붙어있는 잠자리
있는 그대로의 모습이
무척이나 편안하다
살짝 건드려 보니
아무런 미동이 없다
가을 잎들이 바람에 술렁일 때
곡선으로 달아난 그의 자유
그렇게 잠들 수 있음이
나에게도 있으면

조용히 날개를 잡아본다
불빛에 옮겨붙듯
호르르 풀어지는 검은 빛
어디로 갔을까
모든 것을 다 지우고
빈 공간에 멈추어선
한 생의 껍질은 적멸

연극배우, 김운하

"밥도 멀고 법도 멀었다"
무명배우의 고독사가 실린 기사를 읽은 날
메르스는 도시를 점령해 가고
거리는 움츠린 사람들로 한산해진 오후
한 사내의 죽음이 나에게 말을 건넨다
가난한 예술가의 살길은 없었을까
친절한 듯 친절하지 못한
예술복지기금, 칼끝만큼의 틈을 주었나
어떤 연민도 동정도 원하지 않던
당신은 불운했나?
몇 개의 빈 소주병
유언으로 남기고 당신은 잠에 빠졌지

마른 등뼈를 눕힌 고시촌 작은 방
통증으로 갇힌 새벽
겨드랑 사이를 스멀거리며 오르던
고독이란 무서운 독
그의 상처는 고독이 만든 것이라고

누가 말해줄까
내가, 아니 당신이

■ 해설

응시의 시학,
저인망 그물로 쓸어 올린 전설의 바다

— 정윤천(시인)

　대구에서 태어나 대부분의 성장기를 대구에서 보냈던 것으로 알고 지내온 김옥경 시인은 태생적이라거나 현실적인 바다와는 거리가 있는 출신의 사람으로 여겨졌던 게 사실이다. 하지만 시인의 생장의 이력 그 어느 곳에 그의 바다의 만조 물결 같은 게 들어차 있었는지를 필자는 아직 헤아리지 못하고 있는 셈이다. 그런 와중에서 불쑥 그의 '바다의 시'들을 접하게 되고 말았다. 그의 새로운 시에 관한 부박한 헤아림은 가뜩이나 흔들리는 돛폭을 부풀리고 난바다 속에서 흔들리는 돛단배 신세가 될지도 모르겠다.

　"천 개의 달을 품어야 사람이 된다는데"의 큰 제목 아래 모여 있는 스무 편 바다의 전설들과 (1부의 시편) 역시 같은 형태의 시작법을 통해 드러난 "물고기 비늘처럼 반짝이는 햇살"(2부의 시편)들은 마치 저인망으로 훑고 가는 촘촘한 어로의 행위처럼 온 나라의 바다 곳곳을 엿보게 하여 주거나 넘나들고 있었다. 바지런한 보폭으로 바다의 곁을 지나쳐가던 그의 발길은 어떤 고비이거나 파고 위에선 야생의 민첩함으로 바다가 간직한 사연의 저간들을 웅숭깊게 복원하여 주기도 하였는데, 이는 그의 응시의 자세와 헤아림 속에서 가능해진 귀결이라 할 수 있었다. 한편으로 그가 잉태한 시편들의 시종 속에서는 순접이며 역접이며 교접의 형태소를 이루어낸 바다들이, 바다의 서정이며 은유들이 신생의 시간 앞에 와 서있는 모습들을 발견하게 해준다.

아버지
정녕 제 몸을 원한다면
제가 먼저 저 산 위에 올라가 있을테니
당신은 네 발로 엉금엉금 기어 올라와서
나를 가져요
그래야만 저도 짐승이 되어
아버지를 받아들일께요
남자의 잔인한 본능이
멍석을 둘러쓰고 소 울음소리를 내며
산을 기어오르는 실성한 아비는

혹독한 환각에 빠진 한 마리 짐승
더는 오를 곳이 없어
차라리 두 눈을 찌르고 피를 콸콸 쏟으며
저 벼랑 아래로 몸을 던질래요
저곳은 우리의 영혼을 구하기 위한
다비의 바다
아버지, 우리 업을 지워요.
〈사량도 옥녀봉 전문〉

시집의 첫 시다. 첫 시부터 쎄다. 출처가 불분명한 옥녀봉의 전설은 '근친상관'에 관계하는 포악한 풍경 하나를 날 것으로 그려내 보여주고 있었는데, 화자의 목소리라고는 도통 찾아 볼 수가 없었던 시행들의 말미에서, 그는 "다비의 바다"를 들고 선연하게 제 모습(이미지)을 드러낸다. 그리고 한 마디로 끝을 붙들어 매었다. 여기쯤에서, 우리들 모든 죄악의 원천인 "업"을 마치자는 것이다. 이 세상의 모든 아버지들을 향하여, 짐승이고 폭력이고 어쩌면 그보다도 정치적이거나 가부장적인 아버지들을 향하여서.

여기서 부터 출발하는 김옥경 시인의 바다의 전설은 사뭇 궁금증을 자아내기에 이른다. 다음 회를 기다리는 연속극처럼 말이다. 그의 전설들이 가리키는 꼭짓점은 또 다른, 어떤 의미를 간직한 "옥녀봉"에 다다를 수 있다는 것인지.

 '바다 이야기'를 김옥경의 시를 통하여 일별하게 해주는 지점이 물론 여기에 모여 앉아 있는 셈이다. 세간에서 가끔 부정 탄 표정으로 회자되기도 하였던, '오락실'에서가 아닌 그의 시집을 통하여서 대면하는 "바다 이야기." 어쩌면 처음부터 그 바다의, 바닷가에 펼쳐진 이야기들은 "전설"이라는 굵은 꿰미에 엮인 굴비두름처럼 자신들의 사연을 호명해주기를 기다리고 있는 듯한 착각이 들게까지 했던 것이다.

 2013년 계간 문예지 『시와 사람』을 통해 문단에 발을 밀어 넣은 김옥경 시인은 비교적 만학행의 시간 속에서 스스로의 시 세계를 개진하여 왔었다. 등단 이후에는 비교적 과작의 태도를 보여주었던 것 같았는데, 청춘의 혹은 질주의 날들이 지나쳐간 찰나지간들의 곁에서 시인과 그의 시들은 자신의 내면을 차분하게 내려다보았거나, 어쩌면 또 다른 산고를 예비하는 자기만의 보법을 걸었었는지도 모른다. 그의 그런 내실의 결과를 헤아려 보는 입장이 지금의 필자의 자리일 수도 있었다.

 김옥경 시인의 첫 시집의 제목은 "벽에 걸린 여자"가 맞다. 두 번째 시집인 "바다의 전설"까지의 행로이거나 성취가 그의 시력이자 시에 관련한 공들임의 소산이라 여겨도 무방한 바라봄이리라.

 (…) 세월이 얼룩진 벽/ 그 벽에 몸을 걸어놓은 채/ 붙박이가 된 여자/ 물끄러미 그녀를 바라본다/ 시치미를 떼고 있는/ 뻔뻐스러움이 번들거리는/ 그녀의 허리를 만지려는 순간/ 수천의 나비가 되어 날아가는 여자// 멈춰 선 시곗바늘이 힐끔 곁눈질하는/ 그녀의 곁에 누워본다/ 어제의 하루보다 더 늙어버린 오늘의 하루/ 무슨 이유인지 아무도 나를 부르지 않는다/ 이불을 끌어안고 벽 쪽을 향한다/ 나른하게 부풀어 오른 젖가슴 사이/ 흰 털이 날린다// 입 떨어진 눈곱의 절반이 떨어진다/ 눈을 뜨고 누운 나, 옷을 입고 있는 나/ 아무에게나 얼굴을 보여주는 나/ 가끔 사람들은 묻는다. 당신은 누구지.
 〈벽에 걸린 여자 중에서〉

 첫 시집의 제호가 되었던 김옥경의 이 한 편의 시 속에서, 아니 이전과도 같은 시의 언술 속에서, 희미하게나마 필자는 김옥경의 '입술'을 들여다보고자 한다. 물론 그의 시의 입술이다. 그의 입술 속에 숨어있을지도 모를 시인의 "바다"행의 단초를 필자는 지금 탐색의 눈길로 돌이켜 보고 싶었다는 것이다.

"벽에 몸을 걸어" 놓고서, "시치미"를 떼기도. "뻔뻔스럽"고, "번들거리는" 여자는, 제 몸의 허리를 만지려는 순간, "수천의 나비"가 되어 날아간다. 나비는 "흰털"이 되기도 하고, "눈을 뜨고" "옷을 입고" "얼굴을 보여"준다. "아무에게나" 불편하고 불우해 보이는 점묘법의 수단을 차용한 듯한 일련의 시행들 속으로는, 실루엣처럼 얼비치며 존재하는 여자(벽에 걸린)가 "어제의 하루보다 더 늙어버린 오늘의 하루"를 자각하는 여자가, 그 여자가 다시 제 자신이기도 한 여자에게 묻고 있다 "당신은 누구지"

  시인들의 시는 어느 지점에서 일차적인 형태의 가독의 언어를 거부하거나 넘어서 보이는 경우들이 있어 왔다. 그걸 가장 쉽게 설명하자면, '짐작'과 '눈치'의 언어라 표현해볼 수도 있겠는데, 그 미루어서 살피게 되는 시의 언어가 시행들 속으로 이입되었거나 차용된 경우라고 할 수 있다. 무언가 말한 것 같지만, 그런데 도대체 그 말이 무슨 말인지가 헷갈릴 때. 심지어는 아무 말도 하지 않은 것 같은 무중력이자 무의미인 지점의 언어가 시의 언어로서 더더욱 매력적이라거나 빛을 발휘하는 경우는 얼마든지 있어 왔던 셈이다.

  아마도 그의 첫 시집 속의 표제작은 "여자"를 빌어서 입술을 뗀, 당대(현대)의 고발이자 풍자일 수도 있는 측면이 조심스럽게 엿보인다. 김옥경의 예민한 시안 속으로는, 액자처럼 걸려있는 현대의 볼모성이 작금의 제 문제들 앞으로 처해 있는 현대의 자신이기도 하고 김옥경 시인의 자화상이기도 한 "여자"를 스쳐서 비껴간 듯이 보인다. 그러므로, 우리들의 이 현대에서는, 누구도 누구에게 "당신은 누구"냐고 물었을 때. 똑 부러지게 그 대답을 해줄 수 있다거나 해결하여 줄 수 있는 답이거나 방편의 실체가 사라지고 없었던 것이다.

그렇게 우리들은 우리들의 어머니인 대지와 바다와 대자연을 상실하여 버렸던 것이었으니, 이제 우리들은 고작 고층빌딩의 귀퉁이를 돌아서서 어디론가 멀어져 가는 그림자에 다름 아닌 존재들이었고(나비 같은), 스마트 폰들 따위에게 영혼을 잠식당한 나사들이나 부품인 셈이었고, 그러다가 종국엔 정처 없는 풍경으로 내걸린 "벽에 걸린 여자"들 이었던 것이다.

다소 걸리거나 억측이 될 수도 있을지 모르겠으나, 김옥경의 시가 바다로 간 이유는, 그것도 하필이면 바다의 전설들에게로 걸어 들어가게 된 연유는, 무엇에게도 나를 물어도 대답을 들려주지 않는, 들을 수 없다는, 나만 "벽에 걸린 여자"에서의 부재성의 절벽이거나 불안감 때문일 수도 있겠다는 개인적인 추측을 지녀 보려고 한다.

"자아, 떠나자 고래 잡으러/ 신화처럼 숨을 쉬는 고래 잡으러/ 삼등 삼들 완행열차 기차를 타고" 그렇게 그 시절에선들, 우리들은 자꾸만 떠나 왔던 것이다. 이곳이 아닌 저곳으로, 지금이 아닌 다른 시간으로, 꽃가마가 아니어도 삼등 열차로, 그것도 하필이면 현실도 아닌 "신화"와 전설들 속으로도 ―김옥경 시인 역시 그러지 않았을까?

'박통'이라고 불려지는 희대의 괴물(?) 옆구리에 붙어 지냈던 당시의 기득권들도, 아니 요샛말로 이르자면 '보수' 따까리들도, 우파들도(지금 말고 그때 그 시절의) 저 노래 행간에 깃들어 있는 "잡으러" 가자는 외침소리 때문이었던지, 고함소리 때문이었던지. 행여나 자기들 잡으러 온다는 소리로 여겼던지, 그랬던지. 어쩌면 그렇게도 저 노래를 '금지가요'에 넣었더라는 사실. 퇴폐적 운운했다는 사실. 지금 다시 떠들어보아도 시큼새큼한 전설 같아진다는 사실.

잠시 엇나갔다. "물고기 비늘처럼 반짝이는 햇살" 딴은 아름다워 보이기까지 하는 커다란 제목 아래 연작의 형태로 이어지고 있는 2부의 시편들 역시 그가 채집한 바다의 숨결들이다. 타인의 시구들 속에서 자신의 추억을 헤아리게 되는 시간은, 그러니까 작은 축복일 수도 있었다. 필자 역시 언젠가 그곳에 다녀온 적이 있었다. 장생포.

한 시절을 보냈다
빛으로 출렁이는 날
어느 쪽으로 봐도
대왕고래 귀신고래 참고래 긴수염고래
밍크고래 돌고래 북방긴수염고래
검은 등과 흰 배에 부서지는 물결무늬
제 몸에 술렁이다 부서지는 물결무늬
그 많던 고래들은 다 어디로 갔을까

박물관 허공에 걸린 고래 뼈
멀어져간 고래의 비밀을
찬찬히 짚어 가면
뱃길 건너
두런두런 주고받던
취객의 술잔

아직 불씨가 남아 기다려 볼까
풍화된 흰 뼈가
상상임신으로라도 새끼를 낳아
한 번만 다시 한 번만
입을 굳게 다문 바다에서

그들의 노래를 들을 수 있을까.
〈장생포 고래의 노래 전문〉

"상상임신으로라도 새끼를 낳아" "한 번만"이라도 입과 문과 가슴을 다문 바다 속으로 "검은 등"과 "흰 배" "제 몸에 슬렁이다 부서지는 물결무늬"의 존재를 희구하는 이 시는, 그러니까 지금, 바로, 이곳인 현재성의 바다가 내포하는 전설임에랴. 전설보다는 사실에 가까운 비원으로 읽힌다. "그 많던 고래들은 다 어디로 갔을까" 이 살육과 폐허의 현대는 비단 그 많았던, 대왕고래며 긴수염고래들만 잡아 먹어버렸던 것은 아니었을 것이다.

거칠고 투박하게나마 시집의 원고를 접하면서 필자가 적이 안심이 되었던 부분은, 그의 "전설"이 "태에사 안이노오?다하되에"식으로 들리던 고색창연이 아니라, 말 따라서 소리 따라서 옮겨 적었던 풍문의 사설로서가 아니라, 당대의, 현대의 질곡들 옆으로, 그의 수고로움을 세워 두었다는 데에 있었다.

군자동 진남관 뜰 앞/ 팔짱을 낀 채 언덕에 서서/ 바다를 지키는 조선 시대의 석인/ 사나운 바람소리를 걸쳐 입고/ 발끝이 아프도록 오직 적들에게/ 집중하는 동안/ 귓전을 움직이는 푸른 소음에/ 물고기 비늘처럼 반

짝이는 햇살/ 구원의 등불이던가/ 세월 속에 머무르는 전쟁의 배경 뒤에/ 은둔한 그대 역사
  〈여수 석인 전문〉

  전라좌수영. 이순신의 임지였던 지금의 진남관 뜰에 서 있는 석인을 포착한 시다. 절체절명의 전투의 와중에서, "물고기 비늘"처럼 부서져 내린 햇살의 파편들을 "구원"으로 환치한, 시의 한 순간이 이채롭다.

  여기까지만 하기로 하자. 김옥경 시인의 두 번 째 시집 "바다의 전설"은 물론 시인 자신이 자신의 문학적인 영역의 확대라거나 도전 의식의 발로에서, 남다른 승부의식을 가졌다거나 욕심을 부린 결정물이었다고는 여겨지지 않는다. 그냥 그는 어느 날인가. 우리들이고 우리들의 누이와 어머니와 아버지들이었던 장삼이사의 바다. 회한의 바다. 역사의 바다. 비원의 바다를 일별하였던 것으로 보인다. 작품으로서 보다는 '작업'으로서 다가 선 듯이 여겨진다는. 이후의 시인의 시와 삶과 문학에, 오늘의 작업이 "슬픔만한 거름이 어디 있으랴(허수경)"와도 같은, 그런 밑바탕이 되기를 바라기로 하자. 그의 노고 앞에 박수를 바친다.